www.ingramcontent.com/pod-product-compliance
Lightning Source LLC
Chambersburg PA
CBHW072220170526
45158CB00002BA/688

* 9 7 8 1 0 8 1 5 2 6 1 2 2 *